DEL DONJUANISMO AL VAMPIRISMO SEXUAL

Luis Carlos Molina Acevedo

DEL DONJUANISMO AL VAMPIRISMO SEXUAL

Luis Carlos Molina Acevedo

Titulo: Del Donjuanismo al Vampirismo Sexual

Primera Edición

Copyright ©1996 Luis Carlos Molina Acevedo

Segunda Edición

Copyright ©2015 Luis Carlos Molina Acevedo

©De los Textos: Luis Carlos Molina Acevedo

Autor: Luis Carlos Molina Acevedo

Contacto: lcmolinaa@yahoo.es

http://lcmolinaa.blogspot.com

Diseño de Carátula: Luis Carlos Molina Acevedo

Revisión de Estilo: Luis Carlos Molina Acevedo

Todos los Derechos Reservados

ISBN-13: 978-1514308578

ISBN-10: 1514308576

Sobre el autor

Luis Carlos Molina Acevedo es Comunicador Social-Periodista y Magíster en Lingüística de la Universidad de Antioquia, Medellín-Colombia.

El autor ha publicado más de veinte libros para las librerías en línea, así:

Quiero Volar, El Alfarero de Cuentos, Virtuales Sensaciones, El Abogado del Presidente, Guayacán Rojo Sangre, Territorios de Muerte, Años de Langosta, El Confesor, El Orbe Llamador, Oscares al Desnudo, Diez Cortos Animados, La Fortaleza, Territorios de la Muerte, La Edad de la Langosta, Del Donjuanismo al Vampirismo Sexual, Imaginaria de la Exageración, La Clavícula de los Sueños, Quince Escritores Colombianos, De Escritores para Escritores, El Moderno Concepto de Comunicación, Sociosemántica de la Amistad, Magia: Símbolos y Textos de la Magia.

I Want to Fly, From Don Juan to Sexual Vampirism, The Clavicle of Dreams, and The Imaginary of Exaggeration.

Contenido

La Extinción de Don Juan 1

La dinastía drácula 7

Confluencias y variaciones 13

Bibliografía...21

Presentación

Debo agradecer y hacer un reconocimiento a la labor del poeta antioqueño, Juan Manuel Roca. Desde su posición de Coordinador Editorial del Magazín Dominical, del periódico El Espectador, Bogotá - Colombia, hizo un gran aporte a la divulgación de la cultura nacional. En esta separata, se publicó por primera vez "Del Donjuanismo al Vampirismo Sexual". Se hizo en tres entregas, el 07, el 14, y el 21 de enero de 1996.

DE DON JUAN AL VAMPIRISMO SEXUAL es un ensayo sobre el comportamiento amoroso de dos tipos de personas. Uno de ellos es Don Juan. La gente, que se ajusta a este tipo, se caracteriza por ser seductora con el lenguaje. Hablan de los atributos físicos de sus "víctimas" para controlarlas. Ellos después de conquistar a la otra persona, la dejan sin remordimiento moral o ético.

El otro tipo de personas es el vampiro sexual. Se caracteriza por la conquista con el conocimiento. Son personas de la vida intelectual. Ellos interactúan con gente importante. Estos atributos son utilizados por ellos para despertar la curiosidad de la "víctima". Llegan a ser interesantes para las otras personas. Cuando alcanzan sus conquistas, también pierden interés en las otras personas.

Ellos quieren beberse tu energía vital. Aquí te contamos cómo evitarlo.

La Extinción de Don Juan

Don Juan, decía George Sand, es hombre con cuerpo de mozo de cuadra y alma de prostituta.

La literatura y el arte en general, tienen la virtud de proceder por símbolos. Éstos, con el tiempo, se vuelven prototipos o elementos que evidencian una realidad no percibida todavía. Obras literarias como Don Juan (1665) De Moliére, Don Juan Tenorio (1884) de José Zorrilla y del Moral, y El Burlador de Sevilla y Convidado de Piedra (1630) de Tirso de Molina, evidenciaron, desde el arte, una forma diferente de establecer relaciones entre el hombre y la mujer, por fuera del convencionalismo moral y social. Se dio paso al predominio del lenguaje sobre las conveniencias económicas y sociales. Don Juan se volvió el ideal de muchos hombres, quienes soñaban con alcanzar el amor de las mujeres, en vez del solo interés de éstas por una estabilidad. Pasó a simbolizar esa parte que todo hombre tiene, en diferente grado, de seductor, de cazador.

Don Juan sólo contará en adelante para seducir a las mujeres, con su atractivo físico, pero más que éste, con su capacidad verbal para despertar las más ocultas pasiones de ingenuas doncellas. "Saboreamos un dulzor extremado, cuando conquistamos a fuerza de galanteos, el corazón de una joven beldad" (Moliére). El lenguaje, de Don Juan, está fundamentado en la exaltación de las cualidades físicas de la "víctima". Frente a Charlotte dice: "No debéis avergonzaros de oír que se os digan las verdades. Sganarelle, ¿Qué dices de esto? ¿Es posible contemplar algo más agradable? Volveos un poco por favor. ¡Oh, qué lindo talle! Alzad un poco la cabeza, os lo ruego. ¡Qué cara tan bonita! Abrid del todo los ojos. ¡Qué hermosos son! Dejad que vea vuestros dientes, os lo suplico. ¡Oh, qué adorables son, y esos labios, qué apetitosos! Estoy fascinado y os

1

aseguro que jamás había visto una criatura tan encantadora" (Moliére).

El comportamiento, en contra de las normas sociales y religiosas, hace que Don Juan sea desheredado por su padre. "Los hijos como tú son hijos de Satanás" (Zorrilla). Ante los demás aparece como "la más mala cabeza del orbe; y no hubo hombre alguno que aventajarle pudiera" (Zorrilla). Es arriesgado y su suerte no parece tener igual "es proverbial su fortuna y extremadas sus empresas" (Zorrilla).

La imagen que de sí tiene Don Juan, lo anima a seguir adelante. "El orbe es testigo de que hipócrita no soy, pues por doquiera que voy va el escándalo conmigo" (Zorrilla). "Por dondequiera que fui, la razón atropellé, la virtud escarnecí, a la justicia burlé y a las mujeres vendí. Yo a las cabañas bajé, yo a los palacios subí, yo los claustros escalé y en todas partes dejé memoria amarga de mí." (Zorrilla). Es una carrera loca por afirmar la existencia. Una existencia que se afirma en competencia con el otro, igual en género. Y sólo el número de conquistas puede hacerla valiosa. El sentido de la vida está en el alarde que se pueda esgrimir ante el otro. Bien lo dice Pascual, "sus empresas y bulla se reducen todas ellas a hablar más de las doncellas y a huir ante las patrullas" (Zorrilla).

No interesa el acto en sí, sino el discurso que puede generar, las historias, la memoria que se cifra en el lenguaje y de ello debe llevarse registro escrito. "A esto don Juan se arrojó, y escrito en este papel está cuanto consiguió, y lo que él aquí escribió mantenido está por él" (Zorrilla). Por eso son de gran importancia los testigos. El acento privado del amor pierde sentido frente a esta nueva forma de afirmarse como hombre ante el grupo. "Si lo dudáis, apuntados los testigos ahí están, que si fueren preguntados, os lo testificarán" (Zorrilla).

Razón tiene don Gregorio Marañón (1985) cuando afirma que "don Juan no tiene ocupación conocida, fuera del comercio con las mujeres. Y esto no sólo del don Juan literario, sino el de la vida real. Don Juan es, casi sin excepción, un hombre rico por su casa y vive de las rentas o de la soldada paterna. Un trabajo serio, continuado y profundo no se encuentra jamás en la vida de ningún don Juan, real ni imaginario... los hombres entregados a un trabajo intenso y absorbente, los grandes luchadores, los hombres de ciencia, los grandes creadores, son con frecuencia hombres monógamos o de una vida sexual muy simple". Marañón, Gregorio. Don Juan. En: Mosaico Bogotá. Instituto Colombiano de Cultura Hispánica, II (11 – 12) p. 34, ene - dic 1985, 48 págs.

Esto es fácil de entenderlo si se atiende a las cuentas, que el mismo don Juan saca, en relación con el año que se tomó para la apuesta y el número de mujeres conquistadas. "Partid los días del año entre las que ahí encontráis. Uno para enamorarlas, uno para conseguirlas, otro para sustituirlas y una hora para olvidarlas" (Zorrilla). Su lenguaje tiene que ser en realidad fascinador para alcanzar ese ritmo de conquistas. Por eso, algunos lo ven como dotado de poder sobrenatural. Es el caso de doña Inés quién exclama. "Tal vez Satán puso en vos su vista fascinadora, su palabra seductora, y el amor que negó a Dios" (Zorrilla). Pero entonces ocurre la gran paradoja, Don Juan finalmente puede acabar volviéndose víctima del amor, después de haberse burlado del que tantas mujeres le mostraron.

Nadie como el personaje de la obra de Zorrilla, denominado Escultor, podría definir mejor lo representado por Don Juan para cualquier sociedad fundamentada en el matrimonio como acto fundador de la familia. Máxime cuando para este ritual está de por medio la exigencia virginal de la mujer. Don Juan es "peor mil veces que el fuego, un aborto del abismo. Un mozo sangriento y cruel que, con tierra y cielo en guerra, dicen que nada en la Tierra fue respetado por él. Quimerista, seductor y jugador con ventura, no hubo para él segura vida, ni hacienda, ni honor. Así le pinta la historia" (Zorrilla).

Sganarelle, el personaje de Moliére, lo ve como "al mayor malvado que haya existido jamás sobre la tierra, a un perro rabioso, a un diablo, a un turco, a un hereje que no cree ni en el cielo, ni en los santos, ni en Dios, ni en los fantasmas; que vive esta vida como una verdadera bestia salvaje, como uno de los cerdos de Epicuro, como un verdadero Sardanápalo, que hace oídos de mercader a todas las amonestaciones cristianas que se le puedan hacer, y que considera pamplinas todo aquello en lo que creemos" (Moliére).

Se burló de la felicidad y del honor. "Valiente cosa pretender obligarme, por un falso sentido del honor, a ser fiel, a enterrarse para siempre en una pasión, a estar muerto desde la juventud para todas las otras bellezas que pueden atraer nuestras miradas. No, no, la constancia sólo es buena para los hombres risibles y apocados"

(Moliére).

Pero Don Juan está en extinción, como si fuera un dinosaurio prehistórico. A ello ha contribuido el cambio de mentalidad experimentado en 1960. Se inventan los anticonceptivos y se impulsa la liberación femenina. Estos hechos introducen profundas modificaciones en las relaciones de pareja. La mujer pasa del papel pasivo a una actitud activa en relación con la conquista del sexo opuesto. La sociedad se vuelve permisiva frente a las relaciones prematrimoniales. Y la legalización del aborto ha ido ganando terreno. Por eso el discurso, el lenguaje seductor de Don Juan, se vuelve cada vez más inoperante.

Del Donjuanismo al Vampirismo Sexual

La dinastía drácula

Como un seriado, nostalgias del folletín, va la segunda ronda sobre las mañas de don Juan y las artes del vampirismo. El vampiro sexual, que finge interesarse en el otro, tiene mucho de don Juan, así como éste ha aprendido de una suerte de vampiriasis amorosa: los dos buscan sus víctimas amadas.

En 1897 Constable and Co., publicó la novela Drácula, del inglés Bram Stoker. En esta obra ya está esbozado lo que sería el prototipo del vampiro sexual, el cual se manifestaría con evidencia, cincuenta años después. Las condiciones para su expresión total, han sido proporcionadas por lo que se ha dado en llamar, la era de Acuario. La era de las revelaciones y de la liberación de lo esotérico.

Quizá esta actitud, hacia el sexo opuesto, haya existido desde siempre, pero fue realmente a partir de la década de los años sesenta cuando se pudo percibir en su magnitud.

Drácula se ofrece como un recurso literario para restituir la personalidad del vampiro sexual. Al igual que Don Juan, Drácula aparece como un ser malvado. La mujer de la posada trata de disuadir a Jonathan para que no continúe su viaje hacia el castillo de Drácula. "Es la víspera de San Jorge ¿No sabe que esta noche, cuando el reloj marque las doce, los espíritus malignos alcanzarán todo su poder? ¿Sabe a dónde va y a lo que va?" (Stoker).

Uno de los rasgos característicos del vampiro sexual, es su

descuido en el decoro personal, a pesar de su solvencia económica. Jonathan dice del castillo: "En la casa hay ciertas deficiencias extrañas, si se tienen en cuenta las evidencias de extraordinaria riqueza que me rodean" (Stoker). Un detalle que lo confirma, es la ausencia de espejos. "No hay espejos en ninguna de las habitaciones. Ni siquiera un espejo de aseo en mi cómoda" (Stoker). Drácula califica el espejo como "una asquerosa chuchería de la vanidad humana. ¡Afuera con él!" (Stoker).

El vampiro sexual compensa la falta de atractivo físico con virtudes intelectuales. Son amantes de los libros y del saber. "con gran placer encontré en la biblioteca un elevado número de libros en inglés, estanterías enteras, y numerosos tomos de revistas y periódicos... Los libros eran de la índole más diversa: historia, geografía, política, economía política, botánica, geología, derecho" (Stoker). Los vampiros sexuales se ufanan de tener una cultura general excelente y la utilizan como instrumento de conquista frente al sexo contrario. El vampirismo sexual, a diferencia del donjuanismo, se da en hombres y mujeres.

El vampiro sexual es sumamente ocupado, pero esto se convierte en otra virtud para despertar la admiración frente a la futura víctima. "Siento haber tenido que pasar hoy tanto tiempo fuera; pero sé que usted disculpará a quien tiene tantos asuntos importantes entre manos" (Stoker). El vampiro se muestra como el portador del conocimiento, y le hace sentir al otro, que a su lado también podrá tenerlo. Esa es la táctica para amarrar al otro a sus intereses. Su arte consiste en despertar la curiosidad para dominar. "Existe una razón para que todas las cosas estén como están, y si usted viese con mis ojos y conociese con mi conocimiento, quizá lo entendería mejor" (Stoker).

Para conquistar, el vampiro finge interesarse por la otra persona. "Todo le interesaba, y me formuló una miríada de preguntas acerca de la casa y sus alrededores" (Stoker). El vampiro sexual es un personaje de edad, con fracasos amorosos a cuestas, que lo han vuelto incrédulo. "Sí, yo también sé amar. Vosotras mismas lo sabéis por el pasado" (Stoker). Son como muertos en vida. Jonathan se encuentra ante la gran incertidumbre. "Estaba muerto o dormido; no pude saber cuál de las dos cosas, ya que los ojos estaban abiertos y pétreos, pero sin la vidriosidad de la muerte, y las mejillas guardaban el color de la vida, sobreponiéndose a la palidez, y los labios estaban tan rojos como siempre" (Stoker).

Este dato es bien interesante, pues siempre es posible apreciar cambios físicos en las personas, cuando éstas se están volviendo vampiros sexuales. Su fisonomía cambia, en especial la cara. Los ojos se tornan desorbitados y las líneas del gesto se vuelven más acentuadas. Pero el afán de conquistas los hace buscar el rejuvenecimiento. Se tiñen las canas, prefieren los lentes de contacto, se hacen tratamientos de belleza para la piel y se rodean de personas jóvenes, o lobos, quienes secundan sus acciones. Aún así, su aspecto físico sigue siendo descuidado. "Después vi algo que me llenó el alma de horror. Allí estaba el conde, pero con un aspecto de juventud renovada, ya que el pelo y el bigote blanco se habían tornado de un gris acero oscuro; las mejillas estaban más carnosas y la piel blanca parecía rojo rubí" (Stoker).

Los vampiros son sombríos y descreídos. Así lo da a entender Drácula "No busco ni la alegría ni la brillante voluptuosidad del sol abundante y las aguas resplandecientes que agradan a los jóvenes. Yo ya no soy joven; y mi corazón, tras fatigosos años de duelo por los muertos, no está en armonía con el regocijo… Amo la umbría y la sombra, y quiero estar a solas con mis pensamientos siempre que pueda" (Stoker). Son seres solitarios y sólo experimentan una compañía efímera, cuando realizan el acto sexual. La otra persona solo les interesa, mientras puedan absorberle la energía vital. No les interesa la sangre del vampiro de Drácula, sino la vitalidad, de la otra persona, que pueda regresarles la juventud perdida.

El vampiro sexual tiene una manera muy personal de asediar a la víctima. No acude al galanteo como Don Juan, y así lo siente Jonathan. "Me sobresalté, porque me asombró no haberlo visto, pues el reflejo del espejo cubría todo el espacio que quedaba a mi espalda" (Stoker). Buscan llamar la atención, no con el galanteo, sino con el buen nombre que les precede, lo que se dice de ellos por sus acciones intelectuales.

"El conde Drácula mostraba en sus ojos y en su actitud algo que me hizo recordar que estaba prisionero y que, aunque yo lo deseara, no tendría elección. El conde vio su victoria en mi inclinación de cabeza, y su dominio en la preocupación de mi rostro, porque al momento empezó a utilizarlos, aunque a su manera suave, irresistible" (Stoker).

"Había algo en ellas que me inquietó, un deseo vehemente y al mismo tiempo un miedo mortal. Mi corazón se inflamó con un deseo malvado y ardiente de que me besaran con aquellos labios rojos" (Stoker).

Drácula es el producto de una estirpe que se multiplica en el tiempo. "Nosotros los szekelys tenemos derecho a ser orgullosos, porque por nuestras venas corre la sangre de muchas razas valientes que lucharon, como lucha el león, por la soberanía... ¿Es acaso sorprendente que fuéramos una raza de conquistadores, que fuéramos orgullosos...? ¿No fue este Drácula quien inspiró a aquel otro miembro de su raza que, en época posterior, llevó una y otra vez sus tropas por el Gran Río hasta Turquía; aquel que, derrotado, volvió una y otra vez, aunque tuvo que regresar solo del sangriento campo de batalla en que sus tropas eran sacrificadas, ya que sabía que solo él podía triunfar?... ¡Ah, joven señor, los szekelyz (y los drácula con su corazón, su sangre, su cerebro y su espada) pueden vanagloriarse de haberse multiplicado como hongos, de ser tantos como nunca llegarán a ser los Habsburgo o los Romanoff!" (Stoker).

La estirpe se multiplica a medida que las conquistas crecen. Su saber se dirige a tener conversos. "Aquel era el ser al que yo iba a ayudar a trasladarse a Londres, donde quizá saciaría durante siglos su deseo de sangre entre sus muchos millones de habitantes, creando un círculo nuevo y siempre creciente de semidemonios que se cebarían en los desamparados" (Stoker). Las víctimas del vampiro sexual sufren una paulatina variación de sus rasgos faciales hasta que se convierten, a su vez, en vampiros. "No comprendo por qué se marchita Lucy de esta forma. Come bien y duerme bien, y disfruta del aire fresco; pero las rosas de sus mejillas se desvanecen y se debilita y languidece día a día" (Stoker).

El vampirismo sexual toma fuerza con la liberación sexual. Al vampiro sexual no le interesa la virginidad, ni el estado civil de la víctima como a Don Juan. Su razón de vivir, está fundada en las pequeñas venganzas que alcanza. Se venga de los desengaños amorosos que debió soportar en el pasado. Ve en la pareja sexual, un objeto sobre el cual descargar los enojos acumulados. Sólo le interesa la satisfacción de su vanidad y tener un mayor poder. "¡Mi venganza acaba de empezar! La llevaré a cabo durante siglos, y el tiempo está de mi parte. Las chicas que tanto amáis ya son mías; y vosotros seréis míos por mediación de ellas y de otras; seréis mis criaturas, cumpliréis mí mandato y seréis mis chacales cuando yo quiera alimento" (Stoker).

Confluencias y variaciones

Que don Juan y Drácula van en contra de lo socialmente establecido, que
tienen conciencia de su desafío a lo divino, son nuevas e inquietantes afirmaciones
para cerrar este ciclo de capas españolas y transilvánicas.

Los textos literarios que han abordado los estilos de existir de una
determinada franja de la humanidad y personalizados en Don Juan y
Drácula, ven, en estos comportamientos sexuales, una conducta
reprochable desde el punto de vista moral y social. Esta sanción halla
sus raíces en una época que se remonta hasta la era clásica de los
griegos, como bien lo muestra la historia de la sexualidad.

La transición del donjuanismo al vampirismo sexual está marcada
por diferencias de circunstancias históricas y de actitud frente a la
trasgresión de la moral sexual dominante. Don Juan sólo puede
oponerse a una sociedad marcada por relaciones de pareja demasiado
rígidas. La moral cristiana reforzada durante la Edad Media con las
reflexiones filosóficas de los griegos clásicos, veía, en el matrimonio,
la única forma grata ante Dios de la aphrodisia, entendida en el
sentido aproximado de relaciones sexuales. "El propio término de
"sexualidad" apareció tardíamente, a principios del siglo XIX...
señala algo más que un cambio de vocabulario, pero evidentemente
no marca el surgimiento de súbito de aquello con lo que se relaciona"
(Foucault, 1986: 7). Se podría decir que el donjuanismo alcanza su
mayor fuerza en la Modernidad, como expresión de la trasgresión
moral.

El vampirismo sexual, en cambio, halla su expresión plena en la Posmodernidad. La práctica del matrimonio cristiano, no su regulación, enfrenta modificaciones significativas. A esto se suma la opción del matrimonio civil, éste sí más permisivo en su regulación. Y se incrementaron las uniones libres. Se confía cada vez menos en ese ideal del matrimonio cristiano enriquecido con los aportes teóricos de la filosofía griega. "El arte de la existencia matrimonial, a la vez que sigue incumbiendo a la casa, su gestión, el nacimiento y la procreación de hijos, valoriza cada vez más un elemento particular en medio de este conjunto: la relación personal entre los esposos, el lazo que puede unirlos, su comportamiento del uno respecto del otro" (Foucault, 1987: 138). La fidelidad sexual recibe otra valoración y no es virtud de una estilística de la existencia entre dos la continencia. La aphrodisia deja de ser sólo acto reproductor. Sin embargo, frente a tanta libertad, ¿hacia qué se dirige la trasgresión del vampiro? Hacia el amor que tantas morales flotantes parecen pregonar. Al vampiro no le interesa para nada el amor. No cree en él. Lo único real para él, es el acto sexual. El otro no es un ser amoroso, es un objeto sexual sobre el cual descargar las frustraciones emocionales.

La posmodernidad con su alternativa de la anticoncepción, permite que hombres y mujeres se abran a una sexualidad alejada de la contingencia de la procreación. La liberación femenina se afirma en la trasgresión de la moral sexual reinante. Lucha por cambiar la supremacía viril y lograr una nueva valoración del cuerpo, hasta entonces sólo maternal. Por eso se puede hablar de vampiresas sexuales, más no de donjuanas o doñajuanas. Es importante señalar que la predominancia de una de las dos trasgresiones de la moral sexual en un período histórico determinado, no implica la inexistencia de la otra. Se podría afirmar con cautela, que quizá el donjuanismo y el vampirismo sexual han coexistido desde siempre y la literatura lo único que ha hecho es evidenciarlos. Quizá en una época tenga más peso uno que el otro. Tal vez, sus manifestaciones obedezcan a un espíritu de época. Pero ha sido el arte, quien nos ha permitido acercarnos a su comprensión por separado.

Una aproximación a las convergencias y divergencias de los dos fenómenos, dan una mayor comprensión de los mismos. Don Juan adula para dominar, el vampiro despierta la curiosidad cognoscitiva. Don Juan presta gran atención a su aspecto físico, a su atuendo; el vampiro se muestra descuidado en su presentación, con la finalidad de transmitir un aire de intelectualidad, inclusive las vampiros.

Don Juan apela a sus conquistas y aventuras como elementos de aceptación frente a los demás; el vampiro pone de presente su saber y la amistad con altas personalidades para impresionar al otro.

Don Juan ofrece la felicidad, el amor perfecto para reforzar la conquista; el vampiro promete el saber, el ascenso social por medio de sus amistades influyentes, la inmortalidad por el conocimiento. Dos formas de prometer distintas, para conseguir lo que se quiere, sin que ello implique promesas cumplidas. Después de obtenerse lo deseado, desaparece el compromiso moral con el otro. El otro o la otra, ya no lo son, se han convertido en una extensión del seductor. Ya no hay obligación con ellos, ahora son fieles servidores.

Don Juan busca y persigue a su víctima; el vampiro despierta el interés y espera a que la víctima lo busque. Los dos operan con el lenguaje, pero de un modo diferente. Don Juan destaca los atributos físicos de la víctima; el vampiro habla de sí, del saber que posee y de la aceptación social que podría compartir. Habla de todo lo que sabe, pero sobre todo, de la comprensión que ha logrado sobre el saber.

A Don Juan no le queda tiempo para producir; el vampiro se preocupa por la producción intelectual y eso lo exime en ocasiones de los ataques morales y sociales por su comportamiento sexual. La sociedad tiende a ser permisiva moralmente, con quienes son modelos intelectuales de la sociedad.

Don Juan disfruta de una solvencia económica de cuna; el vampiro alcanza la solvencia discreta con esfuerzo y ahorro. Son sus ingresos, por el trabajo intelectual, los que le garantizan una mejor calidad de vida. Los dos se cansan por igual de la víctima, luego que la han conquistado, y la abandonan. Si siguen a su lado, serán tratadas como sirvientes de baja condición.

Frente al imperativo moral, los dos se comportan de distinta manera. "Contemplaré cuatro nociones que encontramos con frecuencia en la reflexión sobre la moral sexual: la noción de aphrodisia, a través de la cual podemos captar lo que, en el comportamiento sexual, era reconocido como 'sustancia ética' la del 'uso' del chresis, que permite captar el tipo de sujeción a que la práctica de esos placeres debería someterse para ser valorada moralmente; la noción de enkreteia de dominio que define la actitud necesaria ante uno mismo para constituirse como sujeto moral; finalmente la de 'templanza', de 'sabiduría', de sophrosyne que caracteriza al sujeto moral en su realización" (Foucault, 1986: 37). Estos conceptos dan cuenta de la oncología, deontología, ascética y la teología de la moral de los placeres sexuales.

Es evidente que tanto Don Juan como Drácula, o el vampiro sexual, asumen los actos de Afrodita o la aphrodisia, con irreverencia. Los dos son intemperantes y se entregan a la actividad sexual sin diferenciación, ni imperativo moral.

Don Juan no se detiene ante barreras de clase. "A decir verdad, la campesina que acabo de dejar reparó esa desgracia y le he encontrado unos encantos que borran de mi mente todo el pesar que me causaba el fracaso de nuestra empresa" (Moliére: 153). Poco quieren saber de la monogamia pregonada en el estilo existencial del matrimonio. Ninguno de los dos deja hijos biológicos, como resultado de sus prácticas placenteras, y rompen así con la pretensión teológica de la procreación.

No se detienen a considerar la chresis. No piensan en la moderación y regulación de su actividad. Para ellos, todo momento es propicio frente a una aventura. Poco les importa ser tramposos en el afán de alcanzar sus propósitos. Don Luis le reclama a Don Juan por haberle jugado sucio en la apuesta. "Me habéis maniatado, y habéis la casa asaltado, usurpándome mi puesto; y pues el mío tomasteis para triunfar de Doña Ana, no sois vos, Donjuán, quien gana, porque por otro jugasteis" (Zorrilla: 155). No obran tanto por el imperativo de la necesidad, sino por vanidad.

Los dos presentan gran dominio de sí para romper con la enkrateia que conduciría a la sujeción de la moral reinante. Pero es en este aspecto donde más se diferencian los dos, vistos desde el punto de vista moral. Los dos aman la akrasia, como lo opuesto a enkrateia. Drácula muestra tener tanto dominio de sí que parodiando a Satanás en la tercera tentación de Jesús (Mateo 4,9), le dice a Renfield: "¡Te daré todas estas vidas, y muchas más, y más grandes, durante siglos incontables, si te arrodillas ante mí y me adoras!" (Stoker: 281). El vampiro sexual, también parodia a Drácula, cuando dice que "la sangre es vida", afirma que el sexo embellece el cabello y la piel, y aumenta la visión. Sueñan con el espejismo de la eterna juventud.

Del Donjuanismo al Vampirismo Sexual

En vez de sophrosyne, aman la akolasia, "en la cual se siguen voluntariamente, y por elección deliberada, los malos principios, abandonándose a los deseos más débiles y gozando con esta mala conducta: el intemperante no puede curarse ni se arrepiente" (Faucault, 1987: 63). Ambos están vinculados a lo sagrado. Don Juan debe enfrentarse al término de su vida con el juicio de sus víctimas fallecidas, mientras Drácula se ve precisado a huir de los objetos religiosos. "la cortadura había sangrado un poco y la sangre se deslizaba por mi barbilla. Dejé la cuchilla al tiempo que me daba media vuelta para buscar esparadrapo. Al ver mi cara, los ojos del conde refulgieron con una especie de furor demoníaco, y me agarró bruscamente por el cuello. Yo me aparté, y su mano tropezó con el rosario del que cuelga el crucifijo. Aquello provocó un cambio instantáneo en él" (Stoker: 34).

Don Juan, a diferencia de Drácula, tiene la opción de arrepentirse y entrar en el paraíso cristiano como sucede en la versión de Zorrilla, o de condenarse, como ocurre en Moliére.

Decir cuál de los dos es más malo, sería sólo una posición moral. Baste con decir que son modos de existir y de búsqueda del sentido de la vida a la que todo ser humano está abocado. Algunos lo buscan en experiencias místicas, o bélicas, o de servicio a los demás. Todas son formas igualmente aceptables de vivir. Lo único que varía, son las implicaciones éticas. Pero tanto Don Juan como Drácula son conscientes de que su proceder va en contra de lo establecido socialmente. Sus personalidades se presentan como desafío a lo divino. Sólo que de no hacerlo así, dejarían de existir, de ser, y no habría la variedad de comportamientos, siempre deseable en todo grupo social. La riqueza humana radica en la diferencia.

Sin embargo, ¿por qué han despertado tantos odios y rencores sociales en la historia? Como respuesta provisional, podría citarse a Foucault, "Como lo dice Lisias en contra Estóstenes, los seductores corrompen el alma, hasta el punto de que las mujeres de los otros les pertenecen más íntimamente que a los maridos; se vuelven dueños de la casa y ya no se sabe a quién pertenecen los hijos. El violador no se apodera más que del cuerpo de la mujer, el seductor, de la autoridad del marido" (Foucault, 1986:135). En otros términos, se apodera de la autoridad de quien ejerce el dominio sobre la mujer, llámese padre, novio o esposo.

Don Juan y el vampiro sexual, los dos son empedernidos bebedores, pero no de amor o sangre como los pinta la literatura, sino de energía sexual. En la vida real, los dos se embriagan de juventud y luego estrellan contra cualquier pared, el envase vacío. Ambos rondan en busca de nuevas víctimas para succionarles la vitalidad que fluye en el acto sexual.

La pregunta obligada ahora, sería: ¿Realmente Don Juan y el vampiro sexual se alimentan de víctimas indefensas, o acaso éstas nacieron para ofrendar su energía sexual a estos cautivantes personajes? No debe olvidarse que el sadomasoquismo existe gracias al encuentro del sádico y el masoquista.

Bibliografía

Zorrilla, José. Don Juan Tenorio. Colección Crisol Literario. Aguilar. México, 1977. 474 págs.

Moliére, Tartufo. Don Juan. Trad. Carlos R. de Dampierre. Alianza. Madrid, 1981. 223 págs.

Stoker, Bram. Drácula. Trad. Flora Casas. Anaya, Madrid, 1984. 398 págs.

Faucault, Michel. Historia de la Sexualidad 2 – el uso de los placeres- . Trad. Martí Soler. México: siglo XXI, 1986, 238 págs.

Historia de la sexualidad 3 – la inquietud de sí – Trad. Tomás Segovia. México: siglo XXI, 1987, 232 págs.

Zorrilla, José. Donjuán Tenorio. Colección Crisol Literario. México: Aguilar, 1977, 47 págs.

Luis Carlos Molina Acevedo